화엄경 제69권(입법계품 제39-10) 해설

제69권에는 대광왕의 난득행이다.

선재동자가 무염족왕의 여환해탈을 생각하며 대광왕을 찾아갔다. 칠보로 만들어진 성중에 금강의 담벼락이 10유순이나 이어져 있었는데 그 속에 만억 중생이 살고 있었다.

아름다운 누각 羅網·幢幡에 찬란한 빛이 혁혁한데 28대인상과 80종호를 갖춘 대광왕이 범천과 같이 천만대중에 둘러 싸여 있었다. 선재가 오체 투지하고 그 발에 절한 뒤 찾아온 내력을 말하니 "나는 불가설 불가설 부처님 계신데서 보살도를 닦고 大悲幢行에 머물러 세간을 교화하고 있을 뿐이다" 하고 "무엇이고 필요한 것이 있으면 가져가라" 하며 大悲爲首 隨順三昧에 들어 보였다. 그리고 남방 안국성에 부동우바이를 찾아가 보라 하였다.

정말로 이 나라는 물질이 풍족하고 정신적으로 안락한 나라였다. 대광왕과 그곳에 있는 모든 보살들이 평등자비행으로 일체중생을 위하여 소원을 성취시켜 탁한 마음을 없애주고 있었기 때문이다.

선재동자는 대광왕의 무애원력으로 어떠한 어려움도 헤치고 난득행을 얻었다.

入法界品 第三十九之一
입법계품 제삼십구지일

十
십

爾時善財童子了知彼婆
이시선재동자요지피바

珊婆演底夜神初發菩提心
산바연저야신초발보리심

所生菩薩藏所發菩薩願所
소생보살장소발보살원소

淨菩薩道所入菩薩地所修
정보살도소입보살지소수

菩薩行所行出離道一切智
보살행소행출리도일체지

光海普救衆生心普徧大悲
광해보구중생심보편대비
雲於一切佛刹盡未來際常
운어일체불찰진미래제상
能出生普賢行願漸次遊行
능출생보현행원점차유행
至普德淨光夜神所頂禮其
지보덕정광야신소정례기
足遶無數匝於前合掌而作
족요무수잡어전합장이작
是言聖者我已先發阿耨多
시언성자아이선발아녹다
羅三藐三菩提心而我未知
라삼먁삼보리심이아미지

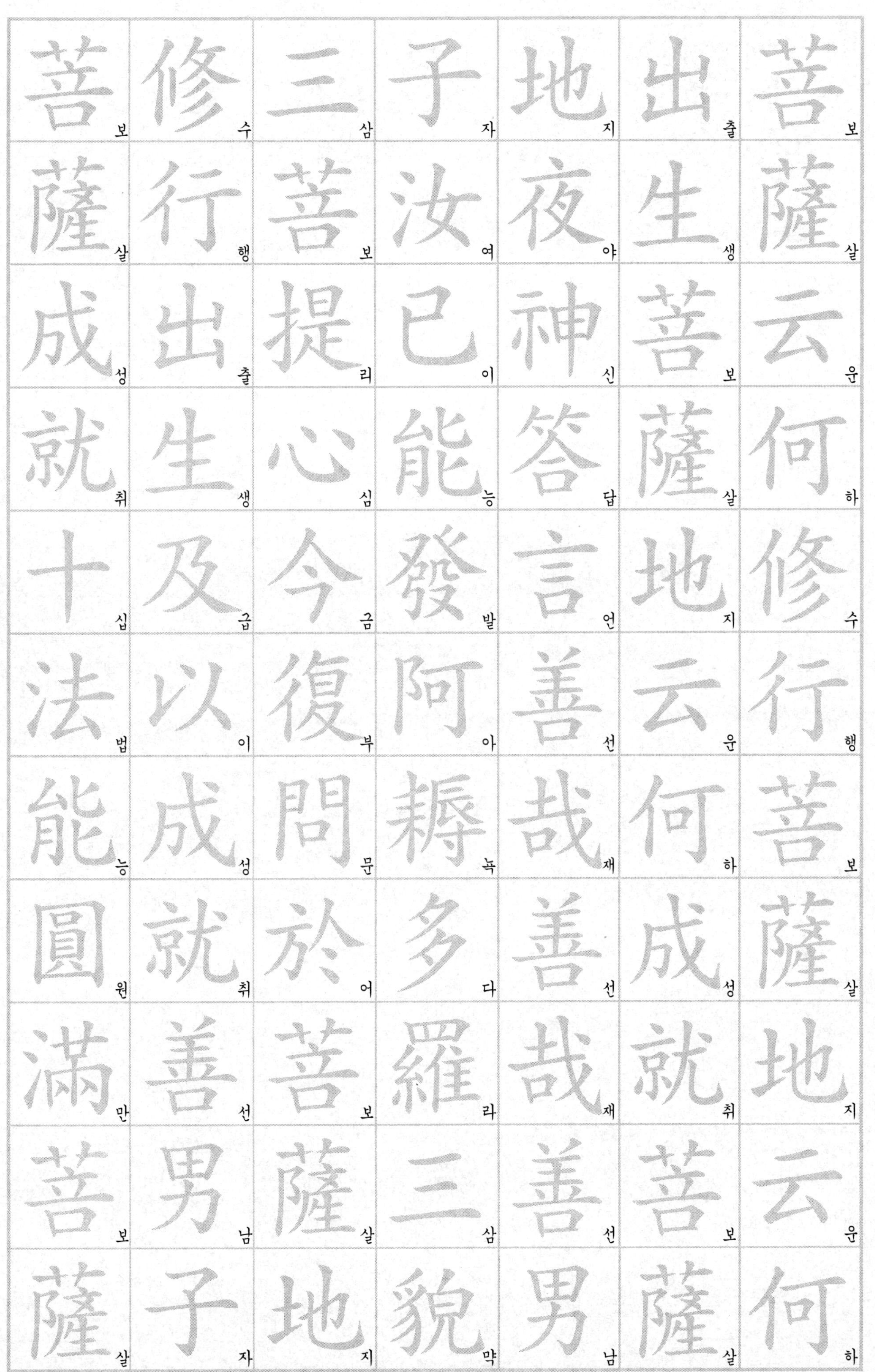

사경의 공덕은 십만억 부처님께 공양한 것과 같은 공덕이 있습니다.

行何者爲十一者得淸淨三
행하자위십일자득청정삼

昧常見一切佛二者得淸淨
매상견일체불이자득청정

眼常觀一切佛相好莊嚴三
안상관일체불상호장엄삼

者知一切如來無量無邊功
자지일체여래무량무변공

德大海四者知等法界無量
덕대해사자지등법계무량

諸佛法光明海五者知一切
제불법광명해오자지일체

如來一一毛孔放等衆生數
여래일일모공방등중생수

大光明海利益無量一切衆
대광명해이익무량일체중

生六者見一切如來一一毛
생육자견일체여래일일모

孔出一切寶色光明焰海七
공출일체보색광명염해칠

者於念念中出現一切佛變
자어념념중출현일체불변

化海充滿法界究竟一切諸
화해충만법계구경일체제

佛境界調伏衆生八者得佛
불경계조복중생팔자득불

音聲同一切衆生言音海轉
음성동일체중생언음해전

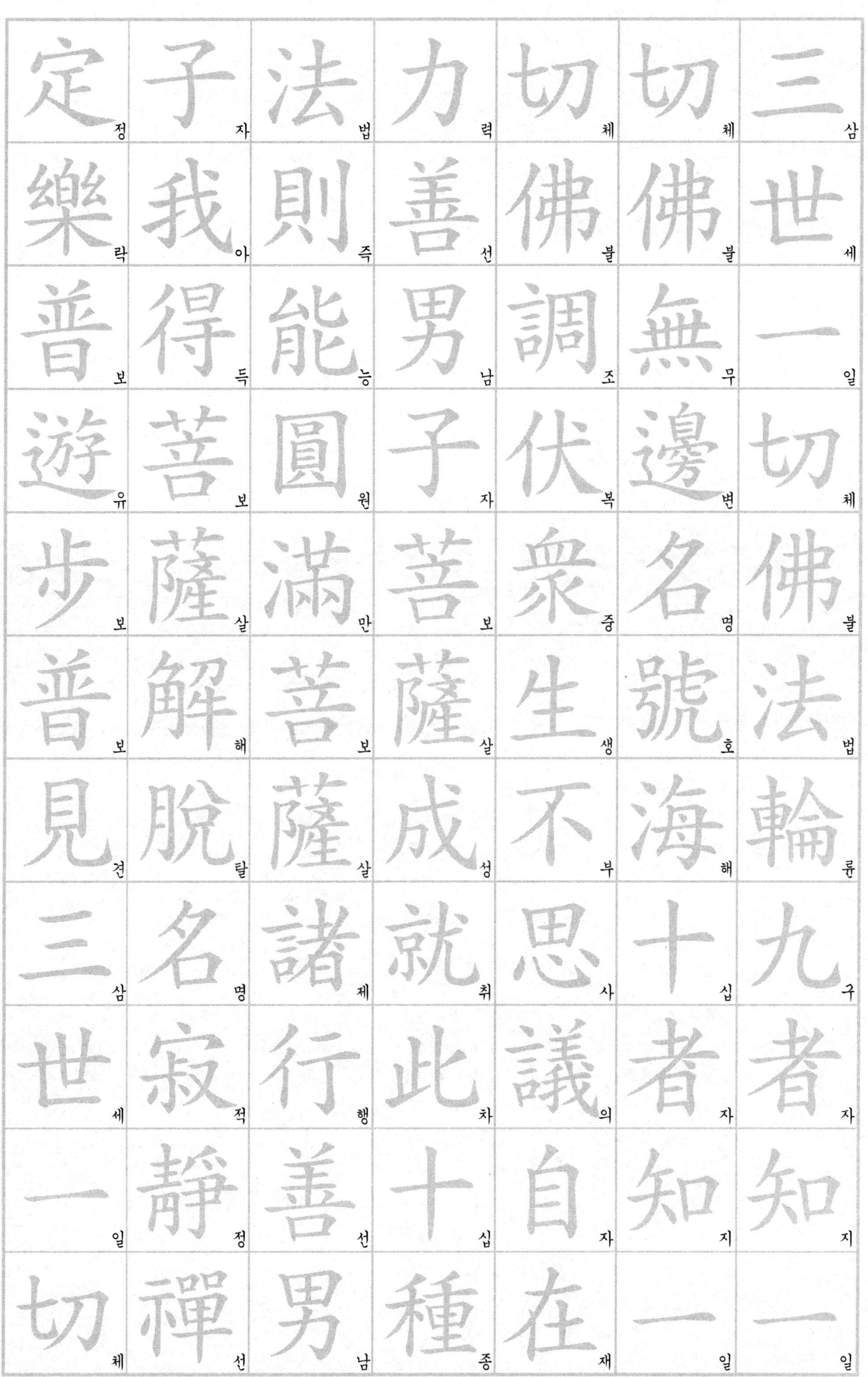

三世一切佛法輪九者知一
삼세일체불법륜구자지일

切佛無邊名號海十者知一
체불무변명호해십자지일

切佛調伏衆生不思議自在
체불조복중생부사의자재

力善男子菩薩成就此十種
력선남자보살성취차십종

法則能圓滿菩薩諸行善男
법즉능원만보살제행선남

子我得菩薩解脫名寂靜禪
자아득보살해탈명적정선

定樂普遊步普見三世一切
정락보유보보견삼세일체

諸佛亦見彼佛淸淨國土道
제불역견피불청정국토도

場衆會神通名號說法壽命
량중회신통명호설법수명

言音身相種種不同悉皆明
언음신상종종부동실개명

覩而無取着何以故知諸如
도이무취착하이고지제여

來非去世趣永滅故非來體
래비거세취영멸고비래체

性無生故非生法身平等故
성무생고비생법신평등고

非滅無有生相故非實住如
비멸무유생상고비실주여

幻法故非妄利益衆生故非
遷超過生死故非壞性常不
變故一相言語悉離故無相
性相本空故善男子我如是
了知一切如來時於菩薩寂
靜禪定樂普遊步解脫門分
明了達成就增長思惟觀察

사경의 공덕은 십만억 부처님께 공양한 것과 같은 공덕이 있습니다.

堅固莊嚴不起一切妄想分
견고장엄불기일체망상분

別大悲救護一切衆生一心
별대비구호일체중생일심

不動修習初禪息一切意業
부동수습초선식일체의업

攝一切衆生智力勇猛喜心
섭일체중생지력용맹희심

悅豫修第二禪思惟一切衆
열예수제이선사유일체중

生自性厭離生死修第三禪
생자성염리생사수제삼선

悉能息滅一切衆生衆苦熱
실능식멸일체중생중고열

生 생	解 해	智 지	神 신	諸 제	智 지	惱 뇌
所 소	脫 탈	普 보	通 통	菩 보	願 원	修 수
謂 위	時 시	入 입	成 성	薩 살	出 출	第 제
於 어	以 이	法 법	就 취	解 해	生 생	四 사
在 재	種 종	界 계	一 일	脫 탈	一 일	禪 선
家 가	種 종	善 선	切 체	海 해	切 체	增 증
放 방	方 방	男 남	變 변	門 문	諸 제	長 장
逸 일	便 편	子 자	化 화	遊 유	三 삼	圓 원
衆 중	成 성	我 아	以 이	戲 희	昧 매	滿 만
生 생	就 취	修 수	淸 청	一 일	海 해	一 일
令 령	衆 중	此 차	淨 정	切 체	入 입	切 체

非 비	樂 락	不 불	自 자	苦 고	迫 박	生 생
家 가	唯 유	生 생	在 재	想 상	想 상	不 부
若 약	住 주	樂 락	想 상	無 무	繫 계	淨 정
有 유	法 법	着 착	老 노	我 아	縛 박	想 상
衆 중	樂 락	亦 역	病 병	想 상	想 상	可 가
生 생	出 출	勸 권	死 사	空 공	羅 나	厭 염
住 주	離 리	衆 중	想 상	想 상	刹 찰	想 상
於 어	於 어	生 생	自 자	無 무	想 상	疲 피
空 공	家 가	不 불	於 어	生 생	無 무	勞 로
閑 한	入 입	着 착	五 오	想 상	常 상	想 상
我 아	於 어	欲 욕	欲 욕	不 부	想 상	逼 핍

사경의 공덕은 십만억 부처님께 공양한 것과 같은 공덕이 있습니다.

爲(위)止(지)息(식)諸(제)惡(악)音(음)聲(성)於(어)靜(정)夜(야)時(시)

爲(위)說(설)深(심)法(법)與(여)順(순)行(행)緣(연)開(개)出(출)家(가)

門(문)示(시)正(정)道(도)路(로)爲(위)作(작)光(광)明(명)除(제)其(기)

闇(암)障(장)滅(멸)其(기)怖(포)畏(외)讚(찬)出(출)家(가)業(업)歎(탄)

佛(불)法(법)僧(승)及(급)善(선)知(지)識(식)具(구)諸(제)功(공)德(덕)

亦(역)歎(탄)親(친)近(근)善(선)知(지)識(식)行(행)復(부)次(차)善(선)

男(남)子(자)我(아)修(수)解(해)脫(탈)時(시)令(령)諸(제)衆(중)生(생)

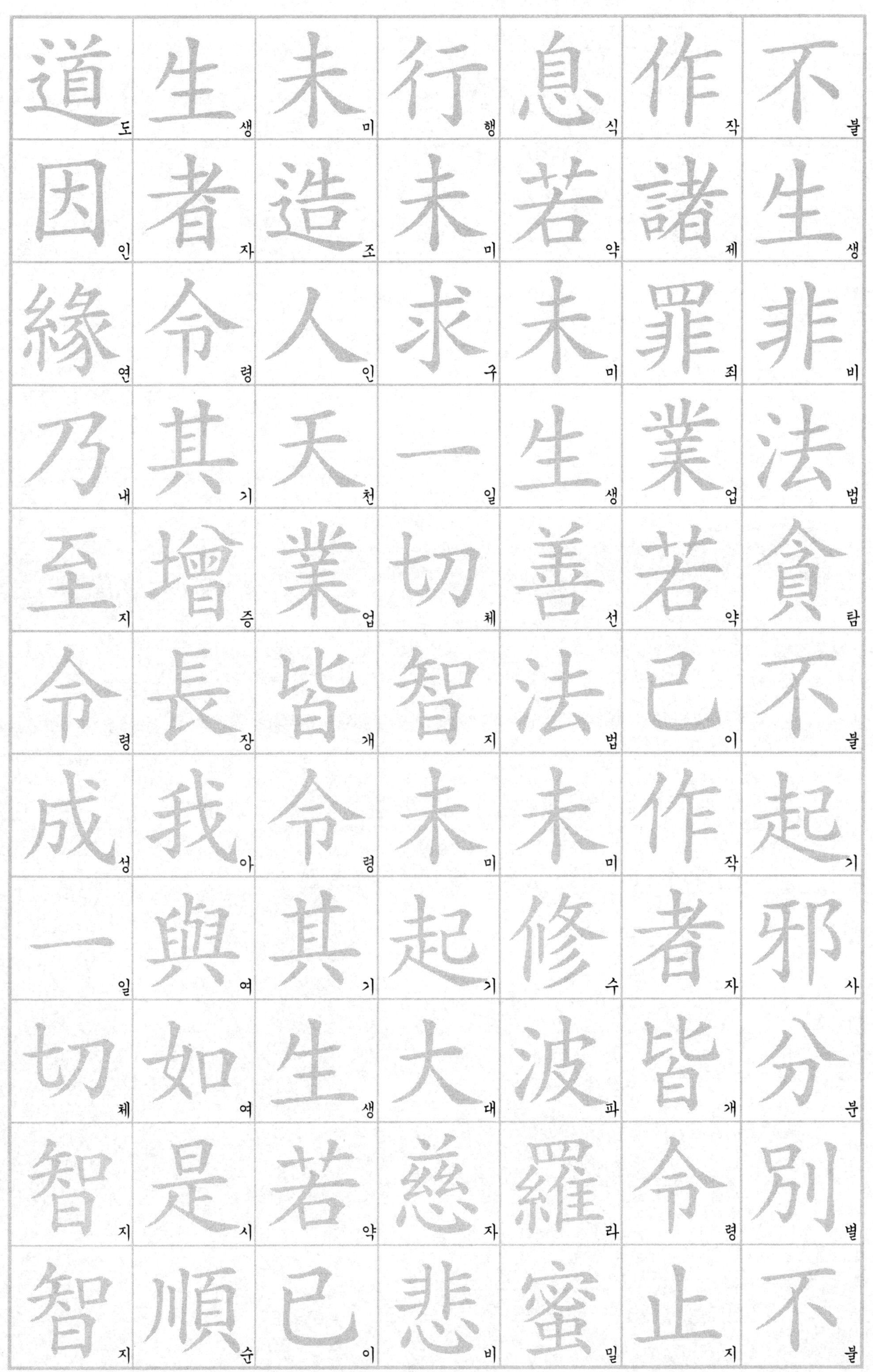
不生非法貪不起邪分別不
作諸罪業若已作者皆令止
息若未生善法未修波羅蜜
行未求一切智未起大慈悲
未造人天業皆令其生若已
生者令其增長我與如是順
道因緣乃至令成一切智智

사경의 공덕은 십만억 부처님께 공양한 것과 같은 공덕이 있습니다.

善(선)男(남)子(자)我(아)唯(유)得(득)此(차)菩(보)薩(살)寂(적)靜(정)
禪(선)定(정)樂(락)普(보)遊(유)步(보)解(해)脫(탈)門(문)如(여)諸(제)
菩(보)薩(살)摩(마)訶(하)薩(살)具(구)足(족)普(보)賢(현)所(소)有(유)
行(행)願(원)了(요)達(달)一(일)切(체)無(무)邊(변)法(법)界(계)常(상)
能(능)增(증)長(장)一(일)切(체)善(선)根(근)照(조)見(견)一(일)切(체)
如(여)來(래)智(지)力(력)住(주)於(어)一(일)切(체)如(여)來(래)境(경)
界(계)恒(항)處(처)生(생)死(사)心(심)無(무)障(장)礙(애)疾(질)能(능)

善 선	我 아	之 지	切 체	徧 변	切 체	滿 만
男 남	云 운	中 중	衆 중	能 능	世 세	足 족
子 자	何 하	出 출	生 생	聽 청	界 계	一 일
去 거	能 능	生 생	癡 치	受 수	悉 실	切 체
此 차	知 지	一 일	暗 암	一 일	能 능	智 지
不 불	能 능	切 체	能 능	切 체	觀 관	願 원
遠 원	說 설	智 지	於 어	佛 불	見 견	普 보
於 어	彼 피	慧 혜	生 생	法 법	一 일	能 능
菩 보	功 공	光 광	死 사	能 능	切 체	往 왕
提 리	德 덕	明 명	大 대	破 파	諸 제	詣 예
場 장	行 행	而 이	夜 야	一 일	佛 불	一 일

사경의 공덕은 십만억 부처님께 공양한 것과 같은 공덕이 있습니다.

右邊有一夜神名喜目觀察
우변유일야신명희목관찰

衆生汝詣彼問云何學菩薩
중생여예피문운하학보살

行修菩薩道
행수보살도

爾時普德淨光夜神欲重
이시보덕정광야신욕중

宣此解脫義爲善財童子而
선차해탈의위선재동자이

說頌曰
설송왈

若有信解心
약유신해심

盡見三世佛
진견삼세불

彼人眼清淨 (피인안청정)
汝觀諸佛身 (여관제불신)
一念神通力 (일념신통력)
盧舍那如來 (노사나여래)
一切法界中 (일체법계중)
如來知法性 (여래지법성)
清淨相嚴身 (청정상엄신)

能入諸佛海 (능입제불해)
清淨相莊嚴 (청정상장엄)
法界悉充滿 (법계실충만)
道場成正覺 (도량성정각)
轉於淨法輪 (전어정법륜)
寂滅無有二 (적멸무유이)
徧示諸世間 (변시제세간)

佛身不思議 (불신부사의)
普現一切刹 (보현일체찰)
佛身常光明 (불신상광명)
種種淸淨色 (종종청정색)
如來一毛孔 (여래일모공)
普照諸群生 (보조제군생)
如來一毛孔 (여래일모공)

法界悉充滿 (법계실충만)
一切無不見 (일체무불견)
一切刹塵等 (일체찰진등)
念念徧法界 (념념변법계)
放不思議光 (방부사의광)
令其煩惱滅 (령기번뇌멸)
出生無盡化 (출생무진화)

充徧於法界
충편어법계

佛演一妙音
불연일묘음

普雨廣大法
보우광대법

佛昔修諸行
불석수제행

故得見如來
고득견여래

諸佛出世間
제불출세간

種種解脫境
종종해탈경

除滅衆生苦
제멸중생고

隨類皆令解
수류개령해

使發菩提意
사발보리의

已曾攝受我
이증섭수아

普現一切剎
보현일체찰

量等衆生數
량등중생수

非我所能知
비아소능지

一切諸菩薩 入佛一毛孔
(일체제보살 입불일모공)

如是妙解脫 非我所能知
(여시묘해탈 비아소능지)

此近有夜神 名喜目觀察
(차근유야신 명희목관찰)

汝應往詣彼 問修菩薩行
(여응왕예피 문수보살행)

時善財童子 頂禮其足遶
(시선재동자 정례기족요)

無數匝殷勤瞻仰辭退而去
(무수잡은근첨앙사퇴이거)

爾時善財童子 敬善知識敎
(이시선재동자 경선지식교)

行善知識語作如是念善知
행선지식어작여시념선지

識者難見難遇見善知識令
식자난견난우견선지식령

心不散亂見善知識破障礙
심불산란견선지식파장애

山見善知識入大悲海救護
산견선지식입대비해구호

衆生見善知識得智慧光普
중생견선지식득지혜광보

照法界見善知識悉能修行
조법계견선지식실능수행

一切智道見善知識普能覩
일체지도견선지식보능도

見(견)十(십)方(방)佛(불)海(해)見(견)善(선)知(지)識(식)得(득)見(견)
諸(제)佛(불)轉(전)於(어)法(법)輪(륜)憶(억)持(지)不(불)忘(망)作(작)
是(시)念(념)已(이)發(발)意(의)欲(욕)詣(예)喜(희)目(목)觀(관)察(찰)
衆(중)生(생)夜(야)神(신)所(소)時(시)喜(희)目(목)神(신)加(가)善(선)
財(재)童(동)子(자)令(령)知(지)親(친)近(근)善(선)知(지)識(식)能(능)
生(생)諸(제)善(선)根(근)增(증)長(장)成(성)熟(숙)所(소)謂(위)令(령)
知(지)親(친)近(근)善(선)知(지)識(식)能(능)修(수)助(조)道(도)具(구)

사경의 공덕은 십만억 부처님께 공양한 것과 같은 공덕이 있습니다.

사경의 공덕은 십만억 부처님께 공양한 것과 같은 공덕이 있습니다.

知識能行無量道令知親近
지식능행무량도령지친근

善知識能得速疾力普詣諸
선지식능득속질력보예제

刹令知親近善知識能不離
찰령지친근선지식능불리

本處遍至十方
본처변지시방

時善財童子遽發是念由
시선재동자거발시념유

親近善知識能勇猛勤修一
친근선지식능용맹근수일

切智道由親近善知識能速
체지도유친근선지식능속

疾出生諸大願海由親近善
질출생제대원해유친근선

知識能爲一切衆生盡未來
지식능위일체중생진미래

劫受無邊苦由親近善知識
겁수무변고유친근선지식

能被大精進甲於一微塵中
능피대정진갑어일미진중

說法聲徧法界由親近善知
설법성변법계유친근선지

識能速往詣一切方海由親
식능속왕예일체방해유친

近善知識於一毛道盡未來
근선지식어일모도진미래

劫修菩薩行由親近善知識

於念念中行菩薩行究竟安

住一切智地由親近善知識

能入三世一切如來自在神

力莊嚴道由親近善知識

能常偏入諸法界門由親近

善知識常緣法界未曾動出

사경의 공덕은 십만억 부처님께 공양한 것과 같은 공덕이 있습니다.

而能徧往十方國土爾時善
財童子發是念已卽詣喜目
觀察衆生夜神所見彼夜神
在於如來衆會道場坐蓮華
藏師子之座入大勢力普喜
幢解脫於其身上一一毛孔
出無量種變化身雲隨其所

사경의 공덕은 십만억 부처님께 공양한 것과 같은 공덕이 있습니다.

應以妙言音而爲說法普攝
응 이 묘 언 음 이 위 설 법 보 섭

無量一切衆生皆令歡喜而
무 량 일 체 중 생 개 령 환 희 이

得利益所謂出無量化身雲
득 이 익 소 위 출 무 량 화 신 운

充滿十方一切世界說諸菩
충 만 십 방 일 체 세 계 설 제 보

薩行檀波羅蜜於一切事皆
살 행 단 바 라 밀 어 일 체 사 개

無戀着於一切衆生普皆施
무 연 착 어 일 체 중 생 보 개 시

與其心平等無有輕慢內外
여 기 심 평 등 무 유 경 만 내 외

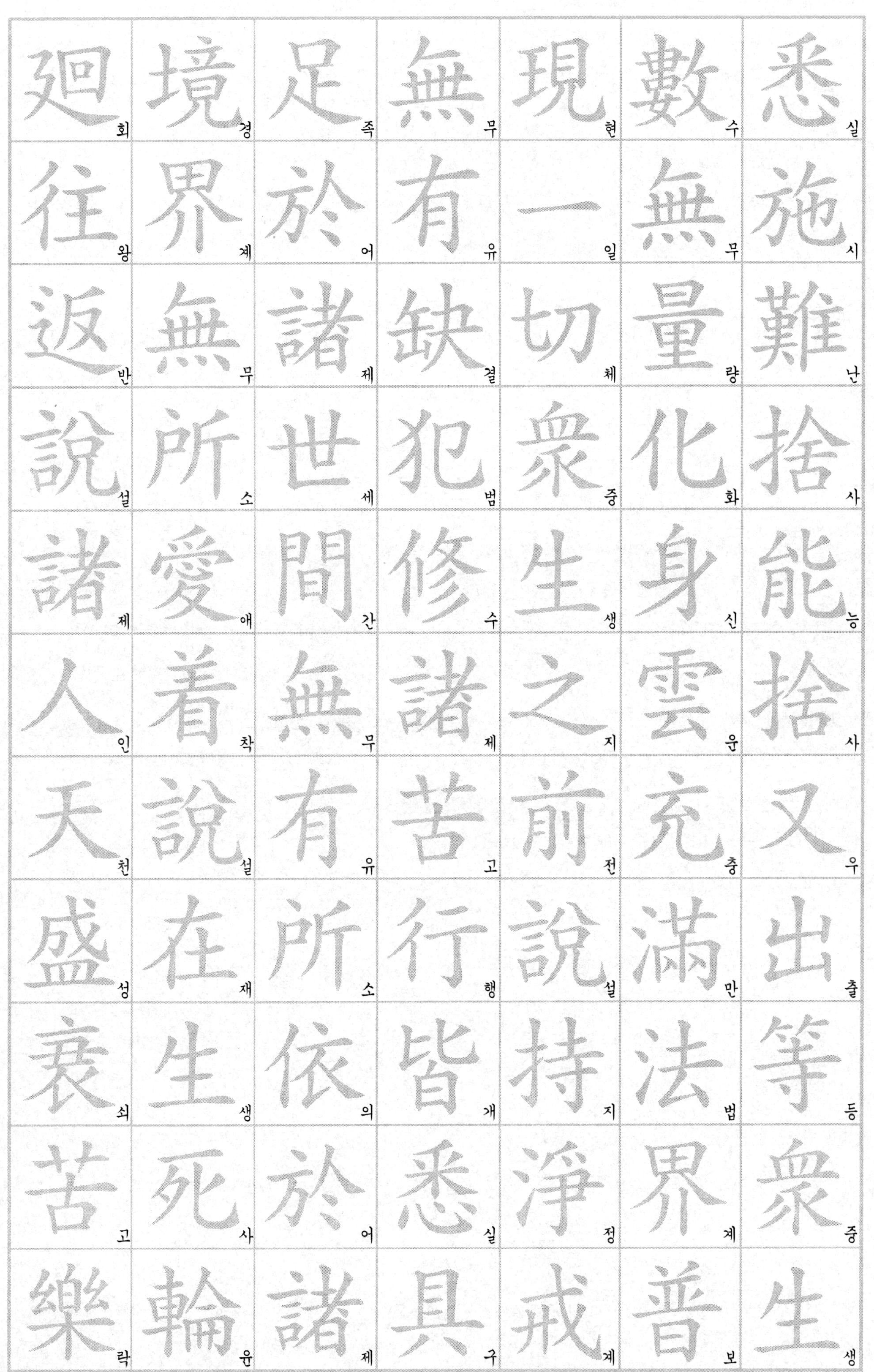

悉施難捨能捨又出等衆生
실시난사능사우출등중생

數無量化身雲充滿法界普
수무량화신운충만법계보

現一切衆生之前說持淨戒
현일체중생지전설지정계

無有缺犯修諸苦行皆悉具
무유결범수제고행개실구

足於諸世間無有所依於諸
족어제세간무유소의어제

境界無所愛着說在生死輪
경계무소애착설재생사륜

廻往返說諸人天盛衰苦樂
회왕반설제인천성쇠고락

說諸境界皆是不淨說一切
설제경계개시부정설일체

法皆是無常說一切行悉苦
법개시무상설일체행실고

無味令諸世間捨離顚倒住
무미령제세간사리전도주

諸佛境持如來戒如是演說
제불경지여래계여시연설

種種戒行戒香普熏令諸衆
종종계행계향보훈령제중

生悉得成熟又出等衆生數
생실득성숙우출등중생수

種種身雲說能忍受一切衆
종종신운설능인수일체중

사경의 공덕은 십만억 부처님께 공양한 것과 같은 공덕이 있습니다.

苦고 所소 謂위 割할 截절 捶추 楚초 訶가 罵매 欺기 欲욕

其기 心심 泰태 然연 不부 動동 不불 亂란 於어 一일 切체

行행 不불 卑비 不불 高고 於어 諸제 衆중 生생 不불 起기

我아 慢만 於어 諸제 法법 性성 安안 住주 忍인 受수 說설

菩보 提제 心심 無무 有유 窮궁 盡진 心심 無무 盡진 故고

智지 亦역 無무 盡진 普보 斷단 一일 切체 衆중 生생 煩번

惱뇌 說설 諸제 衆중 生생 卑비 賤천 醜추 陋루 不불 具구

足身令生厭離讚諸如來清
淨妙色無上之身令生欣樂
如是方便成熟眾生又出等
眾生界種種身雲隨諸眾生
心之所樂說勇猛精進修一
切智助道之法勇猛精進降
伏魔怨勇猛精進發菩提心

사경의 공덕은 십만억 부처님께 공양한 것과 같은 공덕이 있습니다.

不(부)動(동)不(불)退(퇴)勇(용)猛(맹)精(정)進(진)度(도)一(일)切(체)
衆(중)生(생)出(출)生(생)死(사)海(해)勇(용)猛(맹)精(정)進(진)除(제)
滅(멸)一(일)切(체)惡(악)道(도)諸(제)難(난)勇(용)猛(맹)精(정)進(진)
壞(괴)無(무)智(지)山(산)勇(용)猛(맹)精(정)進(진)供(공)養(양)一(일)
切(체)諸(제)佛(불)如(여)來(래)不(불)生(생)疲(피)厭(염)勇(용)猛(맹)
精(정)進(진)受(수)持(지)一(일)切(체)諸(제)佛(불)法(법)輪(륜)勇(용)
猛(맹)精(정)進(진)壞(괴)散(산)一(일)切(체)諸(제)障(장)礙(애)山(산)

사경의 공덕은 십만억 부처님께 공양한 것과 같은 공덕이 있습니다.

諸 제	惡 악	便 편	出 출	國 국	生 생	勇 용
衆 중	意 의	令 령	種 종	土 토	勇 용	猛 맹
生 생	厭 염	諸 제	種 종	如 여	猛 맹	精 정
藏 장	一 일	衆 중	無 무	是 시	精 정	進 진
護 호	切 체	生 생	量 량	方 방	進 진	教 교
諸 제	欲 욕	心 심	身 신	便 편	嚴 엄	化 화
根 근	爲 위	生 생	雲 운	成 성	淨 정	成 성
爲 위	說 설	歡 환	以 이	熟 숙	一 일	熟 숙
說 설	慚 참	喜 희	種 종	衆 중	切 체	一 일
無 무	愧 괴	捨 사	種 종	生 생	諸 제	切 체
上 상	令 령	離 리	方 방	又 우	佛 불	衆 중

사경의 공덕은 십만억 부처님께 공양한 것과 같은 공덕이 있습니다.

淸청 淨정 梵범 行행 爲위 說설 欲욕 界계 是시 魔마 境경

界계 令령 生생 恐공 怖포 爲위 現현 不불 樂락 世세 間간

欲욕 樂락 住주 於어 法법 樂락 隨수 其기 次차 第제 入입

諸제 禪선 定정 諸제 三삼 昧매 樂락 令령 思사 惟유 觀관

察찰 除제 滅멸 一일 切체 所소 有유 煩번 惱뇌 又우 爲위

演연 說설 一일 切체 菩보 薩살 諸제 三삼 昧매 海해 神신

力력 變변 現현 自자 在재 遊유 戲희 令령 諸제 衆중 生생

又 우	持 지	諸 제	雲 운	增 증	淨 정	歡 환
爲 위	一 일	佛 불	爲 위	長 장	諸 제	喜 희
演 연	切 체	及 급	說 설	又 우	根 근	適 적
說 설	諸 제	以 이	往 왕	出 출	猛 맹	悅 열
稱 칭	佛 불	師 사	詣 예	等 등	利 리	離 이
讚 찬	法 법	長 장	十 시	衆 중	愛 애	諸 제
一 일	輪 륜	眞 진	方 방	生 생	重 중	憂 우
切 체	精 정	善 선	國 국	界 계	於 어	怖 포
諸 제	勤 근	知 지	土 토	種 종	法 법	其 기
如 여	不 불	識 식	供 공	種 종	修 수	心 심
來 래	懈 해	受 수	養 양	身 신	習 습	淸 청

海觀察一切諸法門海顯示
해관찰일체제법문해현시

一切諸法性相開闡一切諸
일체제법성상개천일체제

三昧門開智慧境界竭一切
삼매문개지혜경계갈일체

衆生疑海示智慧金剛壞一
중생의해시지혜금강괴일

切衆生見山昇智慧日輪破
체중생견산승지혜일륜파

一切衆生癡暗皆令歡喜成
일체중생치암개령환희성

一切智又出等衆生界種種
일체지우출등중생계종종

사경의 공덕은 십만억 부처님께 공양한 것과 같은 공덕이 있습니다.

身雲普詣一切衆生之前隨
신 운 보 예 일 체 중 생 지 전 수

其所應以種種言辭而爲說
기 소 응 이 종 종 언 사 이 위 설

法或說世間神通福力或說
법 혹 설 세 간 신 통 복 력 혹 설

三界皆是可怖令其不作世
삼 계 개 시 가 포 령 기 부 작 세

間業行離三界處出見稠林
간 업 행 이 삼 계 처 출 견 조 림

或爲稱讚一切智道令其超
혹 위 칭 찬 일 체 지 도 령 기 초

越二乘之地或爲演說不住
월 이 승 지 지 혹 위 연 설 부 주

生 생	界 계	究 구	意 의	乃 내	爲 위	生 생
之 지	微 미	竟 경	如 여	至 지	無 무	死 사
前 전	塵 진	得 득	是 시	道 도	爲 위	不 부
念 념	數 수	一 일	方 방	場 장	或 혹	住 주
念 념	身 신	切 체	便 편	令 령	爲 위	涅 열
中 중	雲 운	智 지	教 교	其 기	演 연	槃 반
示 시	普 보	又 우	化 화	欣 흔	說 설	令 령
普 보	詣 예	出 출	衆 중	樂 락	住 주	其 기
賢 현	一 일	一 일	生 생	發 발	於 어	不 불
菩 보	切 체	切 체	皆 개	菩 보	天 천	着 착
薩 살	衆 중	世 세	令 령	提 리	宮 궁	有 유

一(일) 切(체) 行(행) 願(원) 念(념) 念(념) 中(중) 示(시) 清(청) 淨(정) 大(대)

願(원) 充(충) 滿(만) 法(법) 界(계) 念(념) 念(념) 中(중) 示(시) 嚴(엄) 淨(정)

一(일) 切(체) 世(세) 界(계) 海(해) 念(념) 念(념) 中(중) 示(시) 供(공) 養(양)

一(일) 切(체) 如(여) 來(래) 海(해) 念(념) 念(념) 中(중) 示(시) 入(입) 一(일)

切(체) 法(법) 門(문) 海(해) 念(념) 念(념) 中(중) 示(시) 入(입) 一(일) 切(체)

世(세) 界(계) 海(해) 微(미) 塵(진) 數(수) 世(세) 界(계) 海(해) 念(념) 念(념)

中(중) 示(시) 於(어) 一(일) 切(체) 刹(찰) 盡(진) 未(미) 來(래) 劫(겁) 清(청)

사경의 공덕은 십만억 부처님께 공양한 것과 같은 공덕이 있습니다.

恒 항	切 체	中 중	切 체	三 삼	入 입	淨 정
無 무	衆 중	示 시	刹 찰	世 세	如 여	修 수
休 휴	生 생	諸 제	現 현	方 방	來 래	行 행
息 식	住 주	菩 보	種 종	便 편	力 력	一 일
又 우	一 일	薩 살	種 종	海 해	念 념	切 체
出 출	切 체	一 일	神 신	念 념	念 념	智 지
等 등	智 지	切 체	通 통	念 념	中 중	道 도
一 일	如 여	行 행	變 변	中 중	示 시	念 념
切 체	是 시	願 원	化 화	示 시	入 입	念 념
衆 중	所 소	令 령	念 념	往 왕	一 일	中 중
生 생	作 작	一 일	念 념	一 일	切 체	示 시

心(심)數(수)身(신)雲(운)普(보)詣(예)一(일)切(체)衆(중)生(생)之(지)
前(전)說(설)諸(제)菩(보)薩(살)集(집)一(일)切(체)智(지)助(조)道(도)
之(지)法(법)無(무)邊(변)際(제)力(력)求(구)一(일)切(체)智(지)不(불)
破(파)壞(괴)力(력)無(무)窮(궁)盡(진)力(력)修(수)無(무)上(상)行(행)
不(불)退(퇴)轉(전)力(력)無(무)間(간)斷(단)力(력)於(어)生(생)死(사)
法(법)無(무)染(염)着(착)力(력)能(능)破(파)一(일)切(체)諸(제)魔(마)
衆(중)力(력)遠(원)離(리)一(일)切(체)煩(번)惱(뇌)垢(구)力(력)能(능)

사경의 공덕은 십만억 부처님께 공양한 것과 같은 공덕이 있습니다.

破一切業障山力住一切劫
파일체업장산력주일체겁

修大悲行無疲倦力震動一
수대비행무피권력진동일

切諸佛國土令一切衆生生
체제불국토령일체중생생

歡喜力能破一切諸外道力
환희력능파일체제외도력

普於世間轉法輪力以如是
보어세간전법륜력이여시

等方便成熟令諸衆生至一
등방편성숙령제중생지일

切智又出等一切衆生心數
체지우출등일체중생심수

無量變化色身雲普詣十方
무량변화색신운보예시방

無量世界隨衆生心演說一
무량세계수중생심연설일

切菩薩智行所謂說入一切
체보살지행소위설입일체

衆生界海智說入一切衆生
중생계해지설입일체중생

心海智說入一切衆生根海
심해지설입일체중생근해

智說入一切衆生行海智說
지설입일체중생행해지설

度一切衆生未曾失時智說
도일체중생미증실시지설

出一切法界音聲智說念念念
출일체법계음성지설념념념

徧一切法界海智說念念知
변일체법계해지설념념지

一切世界海壞智說念念知
일체세계해괴지설념념지

一切世界海成住莊嚴差別
일체세계해성주장엄차별

智說念念自在親近供養一
지설념념자재친근공양일

切如來聽受法輪智示現如
체여래청수법륜지시현여

是智波羅蜜令諸衆生皆大
시지바라밀령제중생개대

사경의 공덕은 십만억 부처님께 공양한 것과 같은 공덕이 있습니다.

歡喜調暢適悅其心清淨生
決定解求一切智無有退轉
如說菩薩諸波羅蜜成熟衆
生如是宣說一切菩薩種種
行法而爲利益復於一一諸
毛孔中出無量種種衆生身
雲所謂出與色究竟天善現

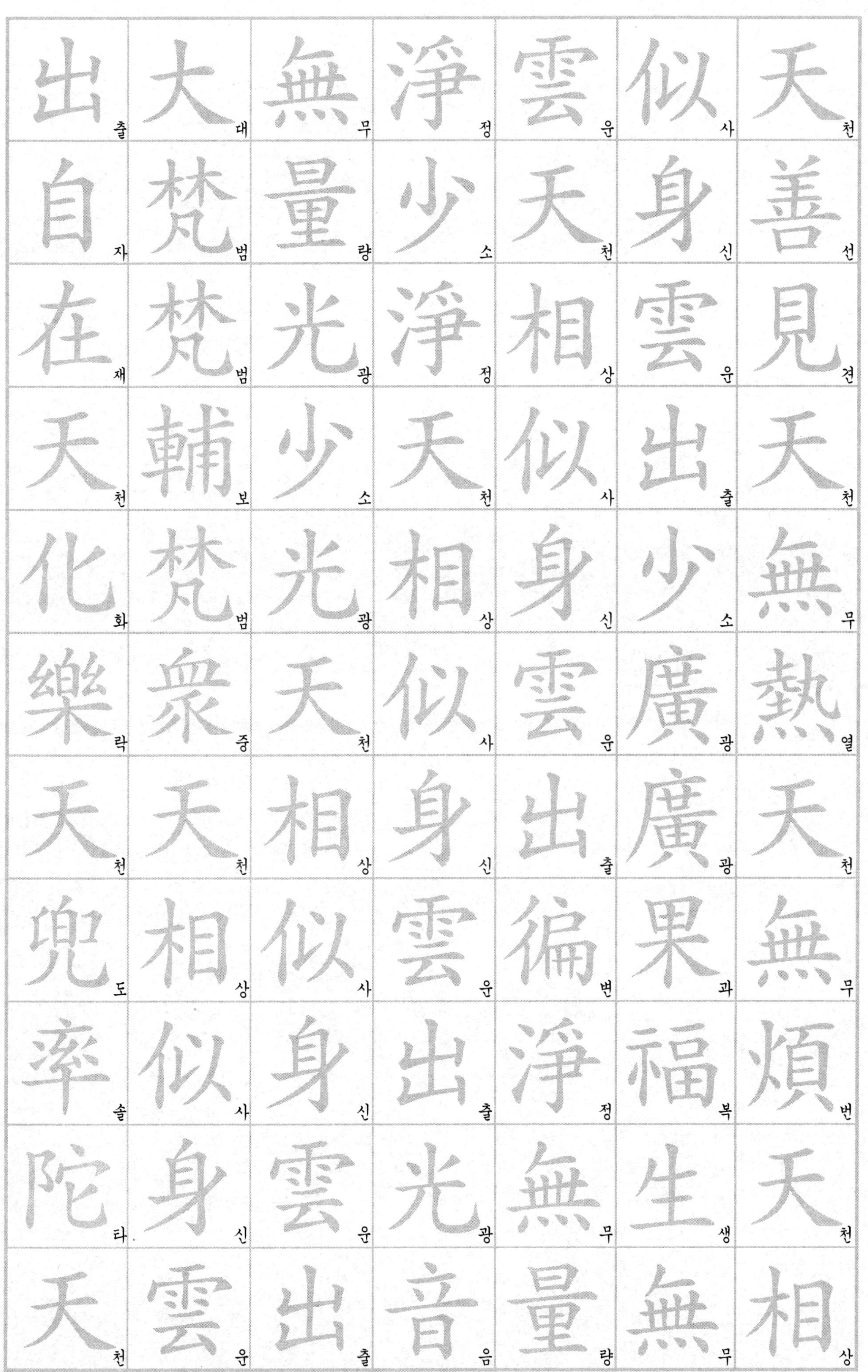

사경의 공덕은 십만억 부처님께 공양한 것과 같은 공덕이 있습니다.

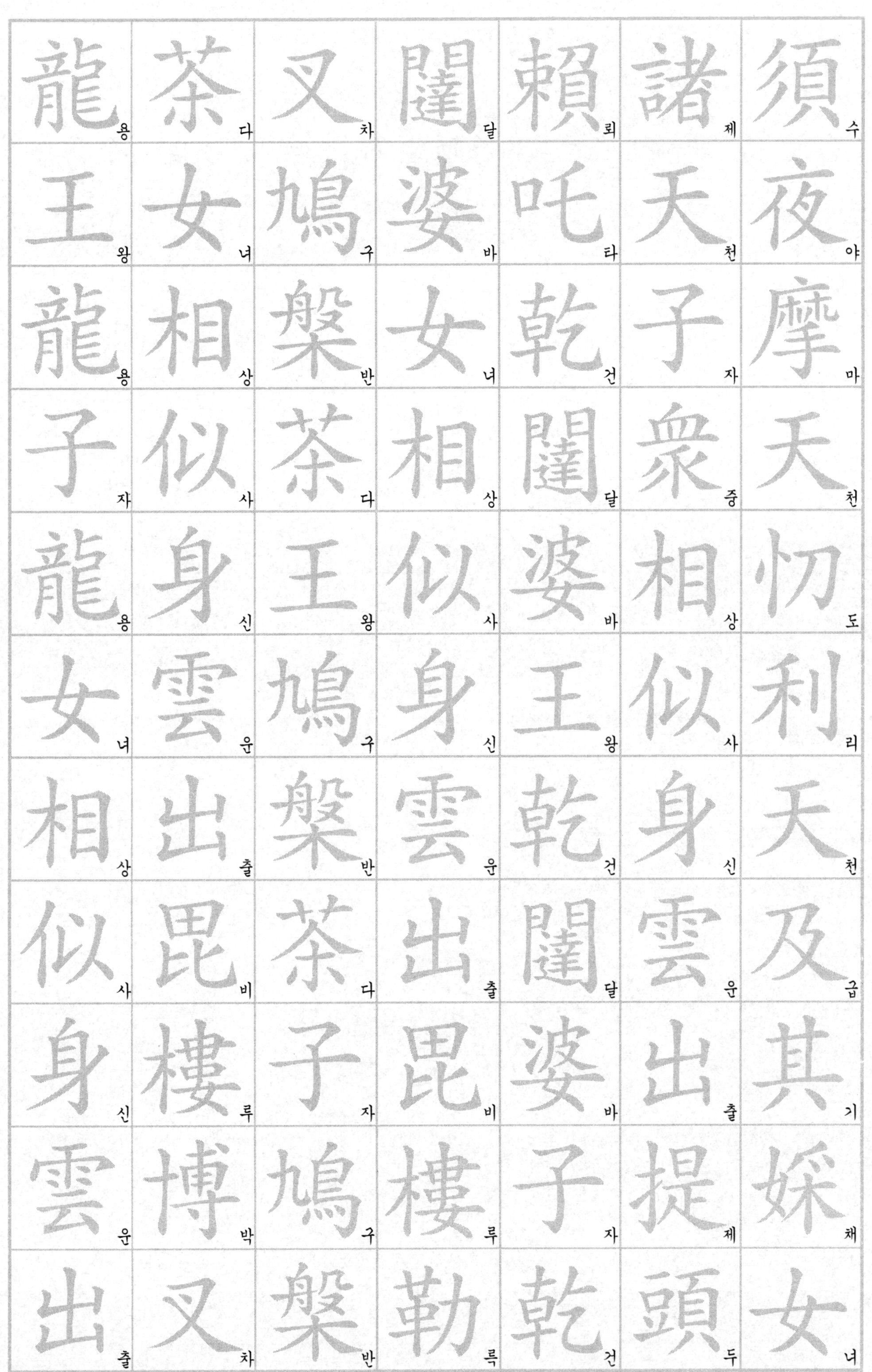

사경의 공덕은 십만억 부처님께 공양한 것과 같은 공덕이 있습니다.

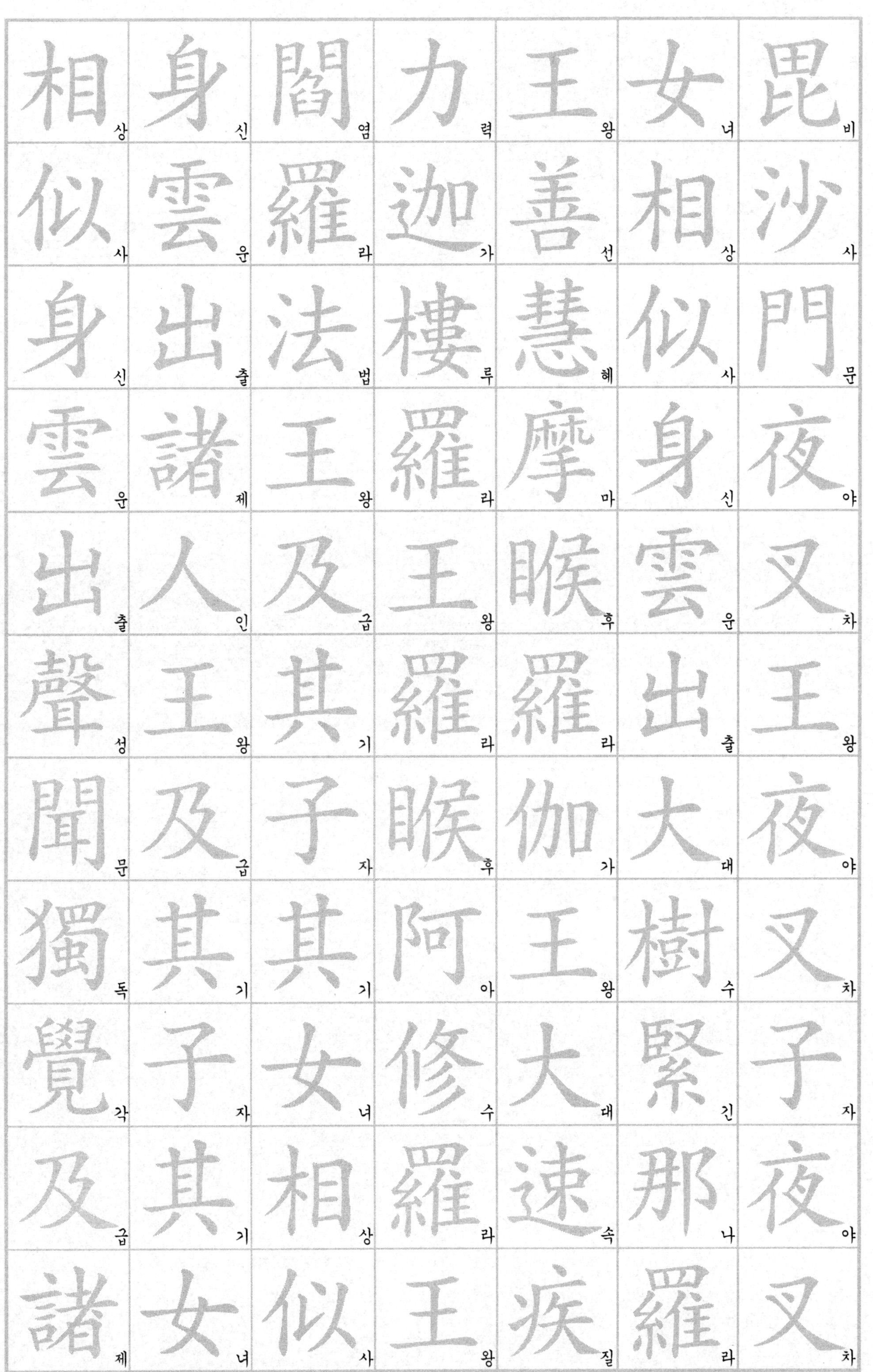
毘沙門夜叉王夜叉子夜叉
비사문야차왕야차자야차
女相似身雲出大樹緊那羅
녀상사신운출대수긴나라
王善慧摩睺羅伽王大速疾
왕선혜마후라가왕대속질
力迦樓羅王羅睺阿修羅王
력가루라왕라후아수라왕
閻羅法王及其子其女相似
염라법왕급기자기녀상사
身雲出諸人王及其子其女
신운출제인왕급기자기녀
相似身雲出聲聞獨覺及諸
상사신운출성문독각급제

사경의 공덕은 십만억 부처님께 공양한 것과 같은 공덕이 있습니다.

佛衆相似身雲出地神水神
불중상사신운출지신수신

火神風神河神海神山神樹
화신풍신하신해신산신수

神乃至晝夜主方神等相似
신내지주야주방신등상사

身雲周徧十方充滿法界於
신운주변시방충만법계어

彼一切衆生之前現種種聲
피일체중생지전현종종성

所謂風輪聲水輪聲火焰聲
소위풍륜성수륜성화염성

海潮聲地震聲大山相擊聲
해조성지진성대산상격성

사경의 공덕은 십만억 부처님께 공양한 것과 같은 공덕이 있습니다.

天城震動聲摩尼相擊聲天
王聲龍王聲夜叉王聲乾闥
婆王聲阿修羅王聲迦樓羅
王聲緊那羅王聲摩睺羅伽
王聲人王聲梵王聲天女歌
詠聲諸天音樂聲摩尼寶王
聲以如是等種種音聲說喜

천성진동성마니상격성천
왕성용왕성야차왕성건달
파왕성아수라왕성가루라
왕성긴나라왕성마후라가
왕성인왕성범왕성천녀가
영성제천음악성마니보왕
성이여시등종종음성설희

目觀察衆生夜神從初發心
所集功德所謂承事一切諸
善知識親近諸佛修行善法
行檀波羅蜜難捨能捨尸
波羅蜜棄捨王位宮殿眷屬
出家學道行羼提波羅蜜能
忍世間一切苦事及以菩薩

사경의 공덕은 십만억 부처님께 공양한 것과 같은 공덕이 있습니다.

所(소) 修(수) 苦(고) 行(행) 所(소) 持(지) 正(정) 法(법) 皆(개) 悉(실) 堅(견)

固(고) 其(기) 心(심) 不(부) 動(동) 亦(역) 能(능) 忍(인) 受(수) 一(일) 切(체)

衆(중) 生(생) 於(어) 其(기) 身(신) 心(심) 惡(악) 作(작) 惡(악) 說(설) 忍(인)

一(일) 切(체) 業(업) 皆(개) 不(불) 失(실) 壞(괴) 忍(인) 一(일) 切(체) 法(법)

生(생) 決(결) 定(정) 解(해) 忍(인) 諸(제) 法(법) 性(성) 能(능) 諦(체) 思(사)

惟(유) 行(행) 精(정) 進(진) 波(바) 羅(라) 蜜(밀) 起(기) 一(일) 切(체) 智(지)

行(행) 成(성) 一(일) 切(체) 佛(불) 法(법) 行(행) 禪(선) 波(바) 羅(라) 蜜(밀)

其(기) 禪(선) 波(바) 羅(라) 蜜(밀) 所(소) 有(유) 資(자) 具(구) 所(소) 有(유)

修(수) 習(습) 所(소) 有(유) 成(성) 就(취) 所(소) 有(유) 清(청) 淨(정) 所(소)

有(유) 起(기) 三(삼) 昧(매) 神(신) 通(통) 所(소) 有(유) 入(입) 三(삼) 昧(매)

海(해) 門(문) 皆(개) 悉(실) 顯(현) 示(시) 行(행) 般(반) 若(야) 波(바) 羅(라)

蜜(밀) 其(기) 般(반) 若(야) 波(바) 羅(라) 蜜(밀) 所(소) 有(유) 資(자) 具(구)

所(소) 有(유) 清(청) 淨(정) 大(대) 智(지) 慧(혜) 日(일) 大(대) 智(지) 慧(혜)

雲(운) 大(대) 智(지) 慧(혜) 藏(장) 大(대) 智(지) 慧(혜) 門(문) 皆(개) 悉(실)

顯(현)示(시)行(행)方(방)便(편)波(바)羅(라)蜜(밀)其(기)方(방)便(편)
波(바)羅(라)蜜(밀)所(소)有(유)資(자)具(구)所(소)有(유)修(수)行(행)
所(소)有(유)體(체)性(성)所(소)有(유)理(이)趣(취)所(소)有(유)清(청)
淨(정)所(소)有(유)相(상)應(응)事(사)皆(개)悉(실)顯(현)示(시)行(행)
力(력)波(바)羅(라)蜜(밀)其(기)力(력)波(바)羅(라)蜜(밀)所(소)有(유)
資(자)具(구)所(소)有(유)因(인)緣(연)所(소)有(유)理(이)趣(취)所(소)
有(유)演(연)說(설)所(소)有(유)相(상)應(응)事(사)皆(개)悉(실)顯(현)

示(시) 行(행) 智(지) 波(바) 羅(라) 蜜(밀) 其(기) 智(지) 波(바) 羅(라) 蜜(밀)
所(소) 有(유) 資(자) 具(구) 所(소) 有(유) 體(체) 性(성) 所(소) 有(유) 成(성)
就(취) 所(소) 有(유) 清(청) 淨(정) 所(소) 有(유) 處(처) 所(소) 所(소) 有(유)
增(증) 長(장) 所(소) 有(유) 深(심) 入(입) 所(소) 有(유) 光(광) 明(명) 所(소)
有(유) 顯(현) 示(시) 所(소) 有(유) 理(이) 趣(취) 所(소) 有(유) 相(상) 應(응)
事(사) 所(소) 有(유) 揀(간) 擇(택) 所(소) 有(유) 行(행) 相(상) 所(소) 有(유)
相(상) 應(응) 法(법) 所(소) 有(유) 所(소) 攝(섭) 法(법) 所(소) 知(지) 法(법)

所知業所知刹所知劫所知
世所知佛出現所知佛所知
菩薩所知菩薩心菩薩位菩
薩資具菩薩發趣菩薩迴向
菩薩大願菩薩法輪菩薩揀
擇法菩薩法海菩薩法門海
菩薩法旋流菩薩法理趣如

是시 等등 智지 波바 羅라 蜜밀 相상 應응 境경 界계 皆개

悉실 顯현 示시 成성 熟숙 衆중 生생 又우 說설 此차 神신

從종 初초 發발 心심 所소 集집 功공 德덕 相상 續속 次차

第제 所소 習습 善선 根근 相상 續속 次차 第제 所소 修수

無무 量량 諸제 波바 羅라 蜜밀 相상 續속 次차 第제 死사

此차 生생 彼피 及급 其기 名명 號호 相상 續속 次차 第제

親친 近근 善선 友우 承승 事사 諸제 佛불 受수 持지 正정

衆 중	天 천	彼 피	入 입	知 지	昧 매	法 법
生 생	眼 안	得 득	法 법	諸 제	力 력	修 수
心 심	見 견	淨 정	界 계	劫 겁	普 보	菩 보
得 득	一 일	天 천	海 해	深 심	見 견	薩 살
宿 숙	切 체	耳 이	知 지	入 입	諸 제	行 행
住 주	色 색	聞 문	諸 제	法 법	佛 불	入 입
智 지	得 득	一 일	衆 중	界 계	普 보	諸 제
知 지	他 타	切 체	生 생	觀 관	見 견	三 삼
前 전	心 심	聲 성	死 사	察 찰	諸 제	昧 매
際 제	智 지	得 득	此 차	衆 중	刹 찰	以 이
事 사	知 지	淨 정	生 생	生 생	普 보	三 삼

사경의 공덕은 십만억 부처님께 공양한 것과 같은 공덕이 있습니다.

사경의 공덕은 십만억 부처님께 공양한 것과 같은 공덕이 있습니다.

顯示成熟衆生
현시성숙중생

如是說時於念念中十方
여시설시어념념중십방

各嚴淨不可說不可說諸佛
각엄정불가설불가설제불

國土度脫無量惡趣衆生令
국토도탈무량악취중생령

無量衆生生天人中富貴自
무량중생생천인중부귀자

在令無量衆生出生死海令
재령무량중생출생사해령

無量衆生安住聲聞辟支佛
무량중생안주성문벽지불

사경의 공덕은 십만억 부처님께 공양한 것과 같은 공덕이 있습니다.

何 하	大 대	及 급	惟 유	一 일	時 시	地 지
以 이	勢 세	解 해	解 해	切 체	善 선	令 령
故 고	力 력	脫 탈	了 료	諸 제	財 재	無 무
與 여	普 보	力 력	深 심	希 희	童 동	量 량
喜 희	喜 희	則 즉	入 입	有 유	子 자	衆 중
目 목	幢 당	得 득	安 안	事 사	見 견	生 생
夜 야	自 자	菩 보	住 주	念 념	聞 문	住 주
神 신	在 재	薩 살	承 승	念 념	如 여	如 여
於 어	力 력	不 부	佛 불	觀 관	上 상	來 래
往 왕	解 해	思 사	威 위	察 찰	所 소	地 지
昔 석	脫 탈	議 의	力 력	思 사	現 현	爾 이

時同修行故如來神力所加
持故不思議善根所祐助故
得菩薩諸根故生如來種中
故得善友力所攝受故受諸
如來所護念故毘盧遮那如
來曾所化故彼分善根已成
熟故堪修普賢菩薩行故

사경의 공덕은 십만억 부처님께 공양한 것과 같은 공덕이 있습니다.

爾(이)時(시)善(선)財(재)童(동)子(자)得(득)此(차)解(해)脫(탈)已(이)心(심)生(생)歡(환)喜(희)合(합)掌(장)向(향)喜(희)目(목)觀(관)察(찰)衆(중)生(생)夜(야)神(신)以(이)偈(게)讚(찬)曰(왈)

無(무)量(량)無(무)數(수)劫(겁) 學(학)佛(불)甚(심)深(심)法(법)
隨(수)其(기)所(소)應(응)化(화) 顯(현)現(현)妙(묘)色(색)身(신)
了(요)知(지)諸(제)衆(중)生(생) 沈(침)迷(미)嬰(영)妄(망)想(상)
種(종)種(종)身(신)皆(개)現(현) 隨(수)應(응)悉(실)調(조)伏(복)

法身恒寂靜(법신항적정)
爲化衆生故(위화중생고)
於諸蘊界處(어제온계처)
示行及色身(시행급색신)
不着內外法(불착내외법)
而現種種身(이현종종신)
遠離諸分別(원리제분별)

清淨無二相(청정무이상)
示現種種形(시현종종형)
未曾有所着(미증유소착)
調伏一切衆(조복일체중)
已度生死海(이도생사해)
住於諸有界(주어제유계)
戲論所不動(희론소부동)

사경의 공덕은 십만억 부처님께 공양한 것과 같은 공덕이 있습니다.

爲着妄想者 위착망상자
一心住三昧 일심주삼매
毛孔出化雲 모공출화운
得佛方便力 득불방편력
示現種種身 시현종종신
了知諸有海 요지제유해
爲說無礙法 위설무애법

弘宣十力法 홍선십력법
無量劫不動 무량겁부동
供養十方佛 공양시방불
念念無邊際 념념무변제
普攝諸群生 보섭제군생
種種業莊嚴 종종업장엄
令其悉淸淨 령기실청정

사경의 공덕은 십만억 부처님께 공양한 것과 같은 공덕이 있습니다.

色身妙無比清淨如普賢
색신묘무비청정여보현

隨諸衆生心示現世間相
수제중생심시현세간상

爾時善財童子說此頌已
이시선재동자설차송이

白言天神汝發阿耨多羅三
백언천신여발아녹다라삼

藐三菩提心爲幾時耶得此
먁삼보리심위기시야득차

解脫其已久如爾時喜目觀
해탈기이구여이시희목관

察衆生主夜神以頌答曰
찰중생주야신이송답왈

사경의 공덕은 십만억 부처님께 공양한 것과 같은 공덕이 있습니다.

我念過去世 (아념과거세)
刹號摩尼光 (찰호마니광)
百萬那由他 (백만나유타)
其王數亦爾 (기왕수역이)
中有一王都 (중유일왕도)
莊嚴最殊妙 (장엄최수묘)
中有轉輪王 (중유전륜왕)

過於刹塵劫 (과어찰진겁)
劫名寂靜音 (겁명적정음)
俱胝四天下 (구지사천하)
各各自臨馭 (각각자임어)
號曰香幢寶 (호왈향당보)
見者皆欣悅 (견자개흔열)
其身甚微妙 (기신심미묘)

三十二種相 (삼십이종상)
蓮華中化生 (연화중화생)
騰空照遠近 (등공조원근)
其王有千子 (기왕유천자)
臣佐滿一億 (신좌만일억)
嬪御有十億 (빈어유십억)
利益調柔意 (이익조유의)

隨好以莊嚴 (수호이장엄)
金色光明身 (금색광명신)
普及閻浮界 (보급염부계)
勇猛身端正 (용맹신단정)
智慧善方便 (지혜선방편)
顏容狀天女 (안용상천녀)
慈心給侍王 (자심급시왕)

사경의 공덕은 십만억 부처님께 공양한 것과 같은 공덕이 있습니다.

其王以法化 기왕이법화
輪圍大地中 륜위대지중
我時爲寶女 아시위보녀
身出金色光 신출금색광
日光旣已沒 일광기이몰
大王及侍御 대왕급시어
彼時德海佛 피시덕해불

普及四天下 보급사천하
一切皆豐盛 일체개풍성
具足梵音聲 구족범음성
照及千由旬 조급천유순
音樂咸寂然 음악함적연
一切皆安寢 일체개안침
出興於世間 출흥어세간

顯現神通力
현현신통력

放大光明海
방대광명해

種種自在身
종종자재신

地震出妙音
지진출묘음

天人龍神衆
천인용신중

一一毛孔中
일일모공중

十方皆徧滿
시방개변만

充滿十方界
충만시방계

一切剎塵數
일체찰진수

徧滿於十方
변만어시방

普告佛興世
보고불흥세

一切皆歡喜
일체개환희

出佛化身海
출불화신해

隨應說妙法
수응설묘법

我 아	劫 겁	賢 현	讚 찬	一 일	亦 역	我 아
時 시	海 해	慧 혜	歎 탄	萬 만	聞 문	時 시
便 편	難 난	汝 여	佛 불	主 주	深 심	於 어
寐 매	值 치	應 응	興 흥	夜 야	妙 묘	夢 몽
寤 오	遇 우	起 기	世 세	神 신	法 법	中 중

卽 즉	見 견	佛 불	同 동	共 공	心 심	見 견
覩 도	者 자	已 이	時 시	在 재	生 생	佛 불
淸 청	得 득	現 현	覺 각	空 공	大 대	諸 제
淨 정	淸 청	汝 여	悟 오	中 중	歡 환	神 신
光 광	淨 정	國 국	我 아	住 주	喜 희	變 변

觀此從何來 (관차종하래)

諸相莊嚴體 (제상장엄체)

一切毛孔中 (일체모공중)

見已心歡喜 (견이심환희)

願我得如佛 (원아득여불)

我時尋覺悟 (아시심각오)

令見佛光明 (령견불광명)

見佛樹王下 (견불수왕하)

猶如寶山王 (유여보산왕)

放大光明海 (방대광명해)

便生此念言 (편생차념언)

廣大神通力 (광대신통력)

大王幷眷屬 (대왕병권속)

一切皆欣慶 (일체개흔경)

我아 時시 與여 大대 王왕
衆중 生생 亦역 無무 量량
我아 於어 二이 萬만 歲세
七칠 寶보 四사 天천 下하
時시 彼피 如여 來래 說설
普보 應응 群군 生생 心심
夜야 神신 覺각 悟오 我아

騎기 從종 千천 萬만 億억
俱구 行행 詣예 佛불 所소
供공 養양 彼피 如여 來래
一일 切체 皆개 奉봉 施시
功공 德덕 普보 雲운 經경
莊장 嚴엄 諸제 願원 海해
令령 我아 得득 利이 益익

我아 願원 作작 是시 身신
我아 從종 此차 初초 發발
往왕 來래 諸제 有유 中중
從종 此차 後후 供공 養양
恒항 受수 人인 天천 樂악
初초 佛불 功공 德덕 海해
第제 三삼 妙묘 寶보 幢당

覺각 諸제 放방 逸일 者자
最최 上상 菩보 提리 願원
其기 心심 無무 忘망 失실
十십 億억 那나 由유 佛불
饒요 益익 諸제 群군 生생
第제 二이 功공 德덕 燈등
第제 四사 虛허 空공 智지

사경의 공덕은 십만억 부처님께 공양한 것과 같은 공덕이 있습니다.

第五蓮華藏 (제오연화장)
第七法月王 (제칠법월왕)
第九兩足尊 (제구양족존)
第十調御師 (제십조어사)
如是等諸佛 (여시등제불)
然未得慧眼 (연미득혜안)
從此次第有 (종차차제유)

第六無礙慧 (제육무애혜)
第八智燈輪 (제팔지등륜)
寶焰山燈王 (보염산등왕)
三世華光音 (삼세화광음)
我悉曾供養 (아실증공양)
入於解脫海 (입어해탈해)
一切寶光刹 (일체보광찰)

其劫名天勝 (기겁명천승)
最初月光輪 (최초월광륜)
第三名光幢 (제삼명광당)
第五名華焰 (제오명화염)
第七熾然佛 (제칠치연불)
九光明王幢 (구광명왕당)
如是等諸佛 (여시등제불)

五百出興世 (오백출흥세)
第二名日燈 (제이명일등)
第四寶須彌 (제사보수미)
第六號燈海 (제육호등해)
第八天藏佛 (제팔천장불)
十普智光王 (십보지광왕)
我悉曾供養 (아실증공양)

尚於諸法中 (상어제법중)
從此復有劫 (종차부유겁)
世界蓮華燈 (세계연화등)
彼有無量佛 (피유무량불)
我悉曾供養 (아실증공양)
初寶須彌佛 (초보수미불)
三法界音佛 (삼법계음불)

無而計爲有 (무이계위유)
名曰梵光明 (명왈범광명)
莊嚴極殊妙 (장엄극수묘)
一一無量衆 (일일무량중)
尊重聽聞法 (존중청문법)
二功德海佛 (이공덕해불)
四法震雷佛 (사법진뇌불)

사경의 공덕은 십만억 부처님께 공양한 것과 같은 공덕이 있습니다.

五名法幢佛 (오명법당불)
七名法力光 (칠명법력광)
第九須彌光 (제구수미광)
如是等如來 (여시등여래)
未能明了法 (미능명료법)
此後復有劫 (차후부유겁)
爾時有世界 (이시유세계)

六名地光佛 (육명지광불)
八名虛空覺 (팔명허공각)
第十功德雲 (제십공덕운)
我悉曾供養 (아실증공양)
而入諸佛海 (이입제불해)
名爲功德月 (명위공덕월)
其名功德幢 (기명공덕당)

九 구	第 제	第 제	三 삼	初 초	我 아	彼 피
名 명	七 칠	五 오	功 공	乾 건	皆 개	中 중
賢 현	法 법	盧 노	德 덕	闥 달	以 이	有 유
勝 승	海 해	舍 사	須 수	婆 바	妙 묘	諸 제
佛 불	佛 불	那 나	彌 미	王 왕	供 공	佛 불

第 제	第 제	第 제	第 제	二 이	深 심	八 팔
十 십	八 팔	六 육	四 사	名 명	心 심	十 십
法 법	光 광	光 광	寶 보	大 대	而 이	那 나
王 왕	勝 승	莊 장	眼 안	樹 수	敬 경	由 유
佛 불	佛 불	嚴 엄	佛 불	王 왕	奉 봉	他 타

初 초	衆 중	於 어	刹 찰	此 차	然 연	如 여
金 금	生 생	中 중	號 호	後 후	未 미	是 시
剛 강	少 소	有 유	金 금	復 부	得 득	等 등
臍 제	煩 번	千 천	剛 강	有 유	深 심	諸 제
佛 불	惱 뇌	佛 불	寶 보	劫 겁	智 지	佛 불

二 이	衆 중	次 차	莊 장	名 명	入 입	我 아
無 무	會 회	第 제	嚴 엄	爲 위	於 어	悉 실
礙 애	悉 실	而 이	悉 실	寂 적	諸 제	曾 증
力 력	淸 청	出 출	殊 수	靜 정	法 법	供 공
佛 불	淨 정	興 흥	妙 묘	慧 혜	海 해	養 양

사경의 공덕은 십만억 부처님께 공양한 것과 같은 공덕이 있습니다.

三名法界影 삼명법계영
第五名悲光 제오명비광
第七忍燈輪 제칠인등륜
九名光莊嚴 구명광장엄
如是等諸佛 여시등제불
猶未能深悟 유미능심오
遊行一切剎 유행일체찰

四號十方燈 사호시방등
第六名戒海 제육명계해
第八法輪光 제팔법륜광
十名寂靜光 십명적정광
我悉曾供養 아실증공양
如空淸淨法 여공청정법
於彼修諸行 어피수제행

次第復有劫 (차제부유겁)
刹號香燈雲 (찰호향등운)
億佛於中現 (억불어중현)
所說種種法 (소설종종법)
初名廣稱佛 (초명광칭불)
三名自在王 (삼명자재왕)
第五法勝佛 (제오법승불)

名爲善出現 (명위선출현)
淨穢所共成 (정예소공성)
莊嚴刹及劫 (장엄찰급겁)
我皆能憶持 (아개능억지)
次名法海佛 (차명법해불)
四名功德雲 (사명공덕운)
第六天冠佛 (제육천관불)

第七智焰佛
제칠지염불

第九兩足尊
제구양족존

第十無上士
제십무상사

如是一切佛
여시일체불

然猶未能淨
연유미능정

次第復有劫
차제부유겁

剎號寶幢王
찰호보당왕

第八虛空音
제팔허공음

名普生殊勝
명보생수승

眉間勝光明
미간승광명

我悉曾供養
아실증공양

離諸障礙道
이제장애도

名集堅固王
명집견고왕

一切善分布
일체선분포

有五百諸佛
유오백제불

我恭敬供養
아공경공양

最初功德輪
최초공덕륜

次名功德海
차명공덕해

第五功德王
제오공덕왕

次名法自在
차명법자재

第九福須彌
제구복수미

於中而出現
어중이출현

求無礙解脫
구무애해탈

其次寂靜音
기차적정음

次名日光王
차명일광왕

第六須彌相
제육수미상

次佛功德王
차불공덕왕

第十光明王
제십광명왕

如是等諸佛
여시등제불

所有清淨道
소유청정도

然於所入門
연어소입문

次第復有劫
차제부유겁

刹號寂靜音
찰호적정음

於中有佛現
어중유불현

我悉曾供養
아실증공양

我悉曾供養
아실증공양

普入盡無餘
보입진무여

未能成就忍
미능성취인

名爲妙勝主
명위묘승주

衆生煩惱薄
중생번뇌박

八十那由他
팔십나유타

修行最勝道
수행최승도

사경의 공덕은 십만억 부처님께 공양한 것과 같은 공덕이 있습니다.

初佛名華聚 초불명화취
次名功德生 차명공덕생
第五摩尼藏 제오마니장
第七寶聚尊 제칠보취존
第九名勝財 제구명승재
此十爲上首 차십위상수
次第復有劫 차제부유겁

次佛名海藏 차불명해장
次號天王髻 차호천왕계
第六眞金山 제육진금산
第八法幢佛 제팔법당불
第十名智慧 제십명지혜
供養無不盡 공양무부진
名曰千功德 명왈천공덕

爾時有世界 이시유세계
六十億那由 육십억나유
最初寂靜幢 최초적정당
第三百燈王 제삼백등왕
第五雲密陰 제오운밀음
七號法燈光 칠호법등광
九名天勝藏 구명천승장

號善化幢燈 호선화당등
諸佛興於世 제불흥어세
其次奢摩他 기차사마타
第四寂靜光 제사적정광
第六日大明 제육일대명
八名殊勝焰 팔명수승염
十名大吼音 십명대후음

如是等諸佛 여시등제불
未得淸淨忍 미득청정인
次第復有劫 차제부유겁
爾時有世界 이시유세계
中有三十六 중유삼십육
初功德須彌 초공덕수미
第三具莊嚴 제삼구장엄

我悉常供養 아실상공양
深入諸法海 심입제법해
名無着莊嚴 명무착장엄
名曰無邊光 명왈무변광
那由他佛現 나유타불현
第二虛空心 제이허공심
第四法雷音 제사법뢰음

사경의 공덕은 십만억 부처님께 공양한 것과 같은 공덕이 있습니다.

第五法界聲 제오법계성
第七照十方 제칠조시방
第九功德海 제구공덕해
如是等諸佛 여시등제불
次有佛出現 차유불출현
我爲月面天 아위월면천
時佛爲我說 시불위아설

第六妙音雲 제육묘음운
第八法海音 제팔법해음
第十功德幢 제십공덕당
我悉曾供養 아실증공양
名爲功德幢 명위공덕당
供養人中主 공양인중주
無依妙法門 무의묘법문

我聞專念持 아문전념지
我得淸淨眼 아득청정안
能於念念中 능어념념중
我得大悲藏 아득대비장
增長菩提心 증장보리심
見衆生顚倒 견중생전도
愚癡暗所覆 우치암소부

出生諸願海 출생제원해
寂滅定總持 적멸정총지
悉見諸佛海 실견제불해
普明方便眼 보명방편안
成就如來力 성취여래력
執常樂我淨 집상락아정
妄想起煩惱 망상기번뇌

行止見稠林 (행지견조림)
集於諸惡趣 (집어제악취)
一切諸趣中 (일체제취중)
生老死衆患 (생노사중환)
爲彼衆生故 (위피중생고)
願得如十方 (원득여시방)
緣佛及衆生 (연불급중생)

往來貪欲海 (왕래탐욕해)
無量種種業 (무량종종업)
隨業而受身 (수업이수신)
無量苦逼迫 (무량고핍박)
我發無上心 (아발무상심)
一切十力尊 (일체십력존)
起於大願雲 (기어대원운)

從是修功德
願雲悉彌覆
具足波羅蜜
速入於諸地
一念修諸佛
佛子我爾時
了知十法界

趣入方便道
普入一切道
充滿於法界
三世方便海
一切無礙行
得入普賢道
一切差別門

사경의 공덕은 십만억 부처님께 공양한 것과 같은 공덕이 있습니다.

善男子於汝意云何彼時轉輪聖王名十方主能紹隆佛種者豈異人乎文殊師利童子是也爾時夜神覺悟我者普賢菩薩之所化耳我於爾時爲王寶女蒙彼夜神覺悟於我令我見佛發阿耨多

사경의 공덕은 십만억 부처님께 공양한 것과 같은 공덕이 있습니다.

羅(라) 三(삼) 藐(먁) 三(삼) 菩(보) 提(리) 心(심) 自(자) 從(종) 是(시) 來(래)
經(경) 佛(불) 剎(찰) 微(미) 塵(진) 數(수) 劫(겁) 不(불) 墮(타) 惡(악) 趣(취)
常(상) 生(생) 人(인) 天(천) 於(어) 一(일) 切(체) 處(처) 常(상) 見(견) 諸(제)
佛(불) 乃(내) 至(지) 於(어) 妙(묘) 燈(등) 功(공) 德(덕) 幢(당) 佛(불) 所(소)
得(득) 此(차) 大(대) 勢(세) 力(력) 普(보) 喜(희) 幢(당) 菩(보) 薩(살) 解(해)
脫(탈) 以(이) 此(차) 解(해) 脫(탈) 如(여) 是(시) 利(이) 益(익) 一(일) 切(체)
衆(중) 生(생) 善(선) 男(남) 子(자) 我(아) 唯(유) 得(득) 此(차) 大(대) 勢(세)

力普喜幢解脫門如諸菩薩
력보희당해탈문여제보살

摩訶薩於念念中普詣一切
마하살어념념중보예일체

諸如來所疾能趣入一切智
제여래소질능취입일체지

海於念念中以發趣門入於
해어념념중이발취문입어

一切諸大願海於念念中以
일체제대원해어념념중이

願海門盡未來劫念念出生
원해문진미래겁념념출생

一切諸行一一行中出生一
일체제행일일행중출생일

사경의 공덕은 십만억 부처님께 공양한 것과 같은 공덕이 있습니다.

切剎微塵數身一一身普入
체찰미진수신일일신보입

一切法界門一一法界門一
일체법계문일일법계문일

切佛剎中隨衆生心說諸妙
체불찰중수중생심설제묘

行一切剎一一塵中悉見無
행일체찰일일진중실견무

邊諸如來海一一如來所悉
변제여래해일일여래소실

見徧法界諸佛神通一一如
견변법계제불신통일일여

來所悉見往劫修菩薩行一
래소실견왕겁수보살행일

一如來所受持守護所有法
일여래소수지수호소유법

輪一一如來所悉見三世一
륜일일여래소실견삼세일

切如來諸神變海而我云何
체여래제신변해이아운하

能知能說彼功德行善男子
능지능설피공덕행선남자

此衆會中有一夜神名普救
차중회중유일야신명보구

衆生妙德汝詣彼問菩薩云
중생묘덕여예피문보살운

何入菩薩行淨菩薩道時善
하입보살행정보살도시선

財재童동子자頂정禮례其기足족遶요無무量량匝잡
慇은勤근瞻첨仰앙辭사退퇴而이去거

사경의 공덕은 십만억 부처님께 공양한 것과 같은 공덕이 있습니다.

發 願 文

귀의 삼보하옵고

거룩하신 부처님께 발원하옵나이다.

주　소 : ____________________

전　화 : ______________ 불명 : ________ 성명 : ________

불기 25 ______ 년 ______ 월 ______ 일